cmz

cmz. Wir machen die guten Bücher. Seit 1979.

Für Ada und Levi

Josef Muhr, Jahrgang 1941, Dr. phil., Historiker und Germanist, 1978–2006 Direktor der VHS Meckenheim, Rheinbach, Swisttal und Wachtberg (heute VHS Voreifel), Rheinländer aus Leidenschaft. Zahlreiche Veröffentlichungen und Vorträge zur rheinischen Mundart.

Janni Feuser, Jahrgang 1961, Ausbildung zur Porzellan- und Glasmalerin; seit 1992 Focus auf großflächigen Malereien; Illustratorin mehrerer Kinderbücher.

Download der vom Autor gesprochenen kölschen Texte unter: **www.juppmuhr.de/download/koelsche-knueller**

Jupp Muhr

Kölsche Knüller

met Joethe & Schiller

Gedichte von Busch bis Lessing hochdeutsch und kölsch

Mit Illustrationen von Janni Feuser

cmz

Friedrich Rückert (1788–1866)

Muttersprache

Welch eine Sprach' ist schön,
welch eine Sprach' ist reich?
Verschieden an Getön,
im Sinn sind alle gleich.
Nicht dies' und jene Sprach'
entzückt, erfreuet mich;
Was mich erfreut, entzückt,
das ist die Sprach' an sich:
Dass eine Sprach' es gibt,
die, was du fühlst und denkest,
Dir deutlich macht, je mehr
du dich in sie versenkest;
Dass eine Sprach' es gibt,
kraft deren du verkündest
Der Welt geheimen Sinn,
so weit du sie ergründest:
Drum ist die schönste Sprach'
und beste, die du nennst,
Die Muttersprache, weil
du sie am besten kennst.

Jupp Muhr (*1941)

Muttersproch

Wat för en Sproch es schön,
wat för en Sproch es rich?
Anders em Jetön,
sin se em Senn all glich.
Nit ein bestemmpte Sproch
erfreut, bejeistert mich;
wat mich erfreut, bejeistert,
dat es die Sproch aan sich:
Dat mir en Sproch jejovve,
die, wat ich föhl un denke,
mir deutlich mäht, je deefer
ich mich doren versenke;
dat ich die Wöder han,
met denne ich verkünde
die Welt un ihr Jeheimnis,
suwick ich et erjründe.
Dröm muss als schönste Sproch
un beste ich benenne
ming leeve Muttersproch,
weil'ch die am beste kenne!

Johann Wolfgang von Goethe (1749–1832)

Gedichte sind gemalte Fensterscheiben

Gedichte sind gemalte Fensterscheiben!
Sieht man vom Markt in die Kirche hinein,
Da ist alles dunkel und düster;
Und so sieht's auch der Herr Philister.
Der mag denn wohl verdrießlich sein
Und lebenslang verdrießlich bleiben.

Kommt aber nur einmal herein!
Begrüßt die heilige Kapelle;
Da ist's auf einmal farbig helle,
Geschicht und Zierat glänzt in Schnelle,
Bedeutend wirkt ein edler Schein,
Dies wird euch Kindern Gottes taugen,
Erbaut euch und ergetzt die Augen!

J. M.

Jedeechte sin jemolte Finsterschieve

Jedeechte sin jemolte Finsterschieve:
Luurt mer se sich vun usse aan,
do es alles nur dunkel un düster.
Un su süht et och jede Spießer.
Dä fängk dann wahl et Jähne aan
un weed för immer jelangwielt blieve.

Doch maht üch die Möh un kutt ens eren
un luurt üch öm en dä Kapell:
Do weeden die Schieve su bunt un hell,
et jlänz un funkelt aan jeder Stell
un jeiht üch nit mieh uss'em Senn.
Dat weed üch Joddeskinder douge –
dröm kutt eren un rievt üch de Ouge!

Albrecht Goes (1908–2000)

Märchenerzählen

Wenn ich am Sonntag den Kindern
Einen Korb voll Märchen erzählen muss,
Dann sage ich immer zum Schluss:
Solche Märchen können heut auch noch geschehen,
Solche Prinzen kann man heut auch noch sehen,
Iht müsst sie nur suchen gehen.

Ihr braucht gar nicht nach Afrika,
Sie sind heut hier und morgen da,
Sind im Käfer und sind im Kinde versteckt,
Sind im gelben Aprilschmetterling,
Und wer das Zauberwort weiß, der entdeckt
Sie in jedem Ding.

Wer die Wünschelverwandlungsrute besitzt,
Hat alles, was er mag;
Eine Kutsche, die ganz in Silber blitzt,
Einen Diener an jedem Schlag,
Ein Schloss und vierzehn Schimmel –
Prinzen besuchen ihn jeden Tag,
Und Sterne fallen vom Himmel.

J. M.

Märcheverzälle

Wenn ich aam Sunndaag dä Pänz
ne Bärm voll Märche verzälle muss,
dann sage ich immer zom Schluss:
Su'en Märche künne och hück noch passiere,
su'n Prinzessine ka'mer och hück noch fiere,
mer darf nur de Zoversich nie verliere.

Ihr brucht jaanit bes Mexiko,
se sin hück he un morje do,
sin in Käfere, sin in Blome versteck
un em bunte April-Schmetterling,
un wer dat Zauberwoot weiß, dä entdeck
se praktisch in jedem Ding.

Wer en hät, dä Wünschelverwandelungssteck,
hät alles, wat'e nur maag:
en Kutsch met silvernem Verdeck,
ne Deener aan jedem Schlag,
e Schloss un veezehn Schimmel –
Prinze besöken dich jeden Dag,
un Stääne fallen vum Himmel.

Dröm Lisbett, Jüppche un Klärche,
zaubert üch selvs üer Märche.

Johann Wolfgang von Goethe (1749–1832)

Der Zauberlehrling

Hat der alte Hexenmeister
Sich doch einmal wegbegeben!
Und nun sollen seine Geister
Auch nach meinem Willen leben.
Seine Wort' und Werke
Merkt' ich und den Brauch,
Und mit Geistesstärke
Tu' ich Wunder auch.
Walle! walle
Manche Strecke,
Dass zum Zwecke
Wasser fließe,
Und mit reichem, vollem Schwalle
Zu dem Bade sich ergieße!

Und nun komm, du alter Besen!
Nimm die schlechten Lumpenhüllen!
Bist schon lange Knecht gewesen;
Nun erfülle meinen Willen!
Auf zwei Beinen stehe,
Oben sei ein Kopf!
Eile nun und gehe
Mit dem Wassertopf!
Walle! walle
Manche Strecke,
Dass zum Zwecke
Wasser fließe
Und mit reichem, vollem Schwalle
Zu dem Bade sich ergieße!

J. M.

Dä Zauberliehrjung

Endlich es dä Zaubermeister
uss'em Huus un kann nit stüüre,
un jetz sullen all sing Jeister
ens op mi Kommando hüre.
Zaubersprüch un Tricks
liert ich uss'em Boch,
ben em Köppche fix,
un zaub're kann ich och.
Louf nur, louf nur
Stöck öm Stöck
zo däm Zweck,
dat Wasser spretz
un met Schwall en einer Tour
ming Badewann voll Wasser setz.

Kumm jetz, Bessem!, süch, ich han do
ne Kopp för dich un och zwei Bein;
jetz hürs du op mie Kommando,
jetz es dinge Welle klein.
Dä! – ich kleid wie'n Frau dich
noch en bunt Jelump –
flöck jetz, flöck, un zau dich
met dä Wasserkump!
Louf nur, louf nur
Stöck öm Stöck
zo däm Zweck,
dat Wasser spretz
un met Schwall en einer Tour
ming Badewann voll Wasser setz.

Seht, er läuft zum Ufer nieder;
Wahrlich! ist schon an dem Flusse,
Und mit Blitzesschnelle wieder
Ist er hier mit raschem Gusse.
Schon zum zweiten Male!
Wie das Becken schwillt!
Wie sich jede Schale
Voll mit Wasser füllt!
Stehe! stehe!
Denn wir haben
Deiner Gaben
Vollgemessen! –
Ach, ich merk' es! Wehe! Wehe!
Hab' ich doch das Wort vergessen!

Ach, das Wort, worauf am Ende
Er das wird, was er gewesen.
Ach, er läuft und bringt behände!
Wärst du doch der alte Besen!
Immer neue Güsse
Bringt er schnell herein,
Ach! und hundert Flüsse
Stürzen auf mich ein.
Nein, nicht länger
Kann ich's lassen;
Will ihn fassen.
Das ist Tücke!
Ach! nun wird mir immer bänger!
Welche Miene! welche Blicke!

Luurt, hä löuf aan't Ufer nidder,
schepp dat Naaß aam Rhing erus,
un do kütt hä och alt widder
un schött all si Wasser us.
Koum jesaht, do kütt'e
alt zöm zweite Mol,
Wanne, Kübel, Bütte –
alles jutsch hä voll.
Halt, du Firke!
Loss et jot sin!
Ch'muss op Droht sin,
muss et wesse …!
Marja-Jaade-Jass, ich merke:
Ch'han, verdammp!, dat Wot verjesse!

Ach, dat Wot, wodörch aam Engk hä
widder Bessem wäde muss.
Doch et bringk met beidse Häng hä
Wasserjuss op Wasserjuss!
Immer neue Kumpe
schlepp eren dat Aas.
Ach! Un wie us Pumpe
weed he alles naaß.
Hölp es kein!
Dröm: Attacke!
Will se packe,
d'fiese Kröck!
Doch mir jeiht dörch Mark un Bein
ihre iesig-kahle Bleck!

Du verdammte Wasserdüüvel,
sull dat janze Huus versuffe?!
Sin ich doch us jedem Kübel
Wasser spritze, loufe, kruffe.
Ne verdammpte Fäjer,
dä nit hüre will!
He, du Wasserdräjer!
Steihs'te endlich still?!
Wills dat Saue
nie ophüre?
Die Allüre
hungsjemein
han ich vör, dir ruszehaue,
schlonn me'm Beil dich koot un klein.

O, du Ausgeburt der Hölle!
Soll das ganze Haus ersaufen?
Seh ich über jede Schwelle
Doch schon Wasserströme laufen.
Ein verruchter Besen,
Der nicht hören will!
Stock, der du gewesen,
Steh doch wieder still!
Willst's am Ende
Gar nicht lassen?
Will dich fassen,
Will dich halten,
Und das alte Holz behände
Mit dem scharfen Beile spalten.

Seht, da kommt er schleppend wieder!
Wie ich mich nun auf dich werfe,
Gleich, o Kobold, liegst du nieder;
Krachend trifft die glatte Schärfe.
Wahrlich, brav getroffen!
Seht, er ist entzwei!
Und nun kann ich hoffen,
Und ich atme frei!
Wehe! wehe!
Beide Teile
Stehn in Eile
Schon als Knechte
Völlig fertig in die Höhe!
Helft mir, ach! ihr hohen Mächte!

Und sie laufen! Nass und nässer
Wird's im Saal und auf den Stufen.
Welch entsetzliches Gewässer!
Herr und Meister! hör mich rufen! –
Ach, da kommt der Meister!
Herr, die Not ist groß!
Die ich rief, die Geister,
Werd' ich nun nicht los.
»In die Ecke,
Besen! Besen!
Seid's gewesen!
Denn als Geister
Ruft euch nur zu seinem Zwecke
Erst hervor der alte Meister.«

Luurt nur, luurt: Wie hä sich böck jrad,
kumm'ch vun hinge aanjeschörch,
schlag me'm Beil dat hölz're Röckjrad
jäj'n de Mas'rung meddsen dörch.
Ratsch – hä es jetroffe:
kapott un aan d'r Ääd!
Un jetz darf ich hoffe
un föhle mich aläät!
Doch – au wieh!
Zwei Mann piel
stonn en Iel
us däm Schrott
völlig fäädig en de Hüh!
Hilf mir, ach du leever Jott!

Un se loufe! Unger Wasser
stonn de Köch, d'r Flur, de Trappe,
selvs ne Rührbroch es nit krasser!
Här un Meister!, hür mich jappe! –
Och, do kütt d'r Meister!
Här, du bes d'r Boss!
Die ich reef, die Jeister,
weed ich nit mieh loss … –
»Ohne Krünk'le
en üer Ecke,
Bessem-Stecke!
Merk dir, Mann:
Hüher sall wahl keiner pink'le,
wie et Bein hä hevve kann!«

Friedrich Schiller (1759–1805)

Der Handschuh

Vor seinem Löwengarten,
Das Kampfspiel zu erwarten,
Saß König Franz,
Und um ihn die Großen der Krone,
Und rings auf hohem Balkone
Die Damen in schönem Kranz.

Und wie er winkt mit dem Finger,
Auftut sich der weite Zwinger,
Und hinein mit bedächtigem Schritt
Ein Löwe tritt
Und sieht sich stumm
Ringsum
Mit langem Gähnen
Und schüttelt die Mähnen
Und streckt die Glieder
Und legt sich nieder.

Und der König winkt wieder,
Da öffnet sich behänd
Ein zweites Tor,
Daraus rennt
Mit wildem Sprunge
Ein Tiger hervor.
Wie der den Löwen erschaut,
Brüllt er laut,
Schlägt mit dem Schweif
Einen furchtbaren Reif
Und recket die Zunge,
Und im Kreise scheu
Umgeht er den Leu,
Grimmig schnurrend,
Drauf streckt er sich murrend
Zur Seite nieder.

Und der König winkt wieder;
Da speit das doppelt geöffnete Haus
Zwei Leoparden auf einmal aus,
Die stürzen mit mutiger Kampfbegier
Auf das Tigertier;
Das packt sie mit seinen grimmigen Tatzen,
Und der Leu mit Gebrüll
Richtet sich auf, da wirds still;
Und herum im Kreis,
Von Mordsucht heiß,
Lagern sich die greulichen Katzen.

Da fällt von des Altans Rand
Ein Handschuh von schöner Hand
Zwischen den Tiger und den Leun
Mitten hinein.

Und zu Ritter Delorges, spottenderweis,
Wendet sich Fräulein Kunigund:
»Herr Ritter, ist Eure Lieb so heiß,
Wie Ihr mirs schwört zu jeder Stund,
Ei, so hebt mir den Handschuh auf!«

Und der Ritter, in schnellem Lauf,
Steigt hinab in den furchtbaren Zwinger
Mit festem Schritte,
Und aus der Ungeheuer Mitte
Nimmt er den Handschuh mit keckem Finger.
Und mit Erstaunen und mit Grauen
Sehen's die Ritter und Edelfrauen,
Und gelassen bringt er den Handschuh zurück.

Da schallt ihm sein Lob aus jedem Munde,
Aber mit zärtlichem Liebesblick –
Er verheißt ihm sein nahes Glück –
Empfängt ihn Fräulein Kunigunde.
Und er wirft ihr den Handschuh ins Gesicht:
»Den Dank, Dame, begehr ich nicht!«
Und verlässt sie zur selben Stunde.

J. M.

Dä Händschoh

Vör singem Löwe-Jaade
– hä kunnt et koum erwaade –
soß Künning Franz,
vun Jrafe flankeet un Barone.
Drömeröm soßen op dä Balkone
die Fraulück vun ad'lijem Jlanz.

Un wie hä wink met däm Finger,
jeiht op dä verjedderte Zwinger,
un bedächtig, met langsamem Schrett
ne Löw eren kütt,
luurt links zoeetz
un dann noh rähts
met langem Jejähn
un schöddelt die Mähn
un dehnt sich un reck sich
un lääg sich nidder.

Un dä Künning wink widder.
Do öffnet sich flöck
dat zweite Huus,
un dodrus jöck
met wildem Sprung
ne Tijer erus.

Koum süht dä dä Löw,
bröllt laut hä un deef,
döut sich aan de Britz,
schmeck öm sich me 'm Stetz
un schlich voller Jrimm
öm dä Löw drömeröm –
jeduck zom Sprung
met sabb'rijer Zung.
Un met heiserem Schnurre
dröck hä unger Knurre
sich heiß un jespannt
aan der Sick lans de Wand
un lääg sich nidder.

Un dä Künning wink widder.
Do speit us verburjenem Käfig dat Huus
zwei Leoparde op eimol eruus.
Die rase met Wot un blindem Elan
op dä Tijer aan.
Dä pack se bejierig met singe Tatze –
un dä Löw deit ne Bröll,
'n steiht op – et weed still.
Un rings em Kreis,
op et Duutbieße heiß,
lijjen jekusch jetz die Katze.

Do fällt vun däm Brüstungsrand
ne Händschoh vun schöner Hand
un sejelt un fladdert un schwääv
jenau zweschen Tijer un Löw.

Zo nem kölsche Ritter schnippisch un kess
säht do die fesche, verwennte Komtess:
»Här Ritter, hat Ihr mich wirklich su deef
un, wie Ihr et schwört, vun Häzze su leev –
jot, dann hevvt mir dä Händschoh op!«

Dä kölsche Ritter denk sich drop:
»Stünd jetz he d'r Schiller Schmier,
leef erunger ich, op Iehr,
un jreff mir, ohne nohzedenke,
janz lässig zwischen Löw un Tijer
dä Händschoh op un dät 'en schwenke
un köm zeröck als Held un Siejer.

Un wie beim Schiller däten se all
mir applaudeere op jeden Fall,
un heiß sööch die Komtess mich aan,
jööv ze verstonn: ›Do kanns mich han…‹
Ich ävver würf, wie em Jedeech,
däm Bies dä Händschoh en't Jeseech
un sähten locker, frank un frei:
›Atschüss, do Trööt, un pief mer d'r Mai!‹
Su hädden die Saach sich avjespillt,
wör ich em Schiller singer Welt.«

Dat denk dä Kölsche jrad. – Endess,
do drängk inn noch ens die Komtess
voll Üvvermot un nodelspetz:
»Wat es met mingem Händschoh jetz!?«

»Madamm, dat well ich jään Üch sage!
Dä Schiller-Ömwääg kann'ch mer spare:
Op mich, du jöckig Freesekesse,
do wees'te wahl verzichte mösse!«

Hans Sachs (1494–1576)

Der Koch mit dem Kranich

Hört, zu Florenz ein Ritter saß,
Der ein bewährter Weidmann was
Und mit dem Federspiel umstrich.
Einst fing er einen Kranich sich
Und seinem Koch den anbefahl,
Dass er ihn briete zum Abendmahl.
Dem Rittersmann und seinen Gästen
Bereitete der Koch zum besten
Den Kranich, tat Wurzelwerk daran
Und briet den feisten Braten dann.
Bald strömte aus der Küch' heraus
Der Bratenduft durch Gass' und Haus.
Indem des Koches Buhlschaft kam
Und bat den Koch ohn' alle Scham
Einen Kranichschenkel ihr zu schenken.
Der sprach: »Da ließ der Herr mich henken;
Geh hin, ich geb kein Stückchen dir.«
Sie sprach: »Versagst du die Bitte mir,
So ist es aus mit dir und mir.«
Da gab er einen Schenkel ihr.
Als man den Kranich trug zu Tisch
Wollt ihn der Herr zerlegen frisch
Da hatt' der Kranich nur ein Bein.
Gleich fordert' er den Koch herein
Und sagt' ihm ernst, dass er erkläre,
Wo der eine Schenkel geblieben wäre.
Der Koch vermochte nichts zu sagen
Und tät die Augen niederschlagen

Und sprach: »Gestrenger Herre mein,
Ein Kranich hat doch nur ein Bein.«
Mit Zürnen sprach der Ritter da:
»Meinst du, dass ich noch keinen sah?«
Der Koch beschwor, es wäre wahr,
Er wollt das Ding beweisen klar.
So sprach der Koch aus großen Sorgen.
Der Ritter sprach: »Das sollst du morgen;
Wenn du das nicht beweisen tust,
am nächsten Baum du hängen musst.«
Kein Schlaf des Nachts dem Koche ward,
Ihm bangt', der Herr bestraft' ihn hart. –

Früh ritten sie zu einem See
Wo Kraniche man traf von je.
Als sie dem Wasser kamen nah,
Zwölf Kraniche wohl der Koch ersah;
Ein jeder stand auf einem Bein.
Die zeigt' er gleich dem Herren sein
Und sprach: »Jetzt seht die Wahrheit an!«
Der Herr lief dicht an sie heran
Hob auf die Händ und schrie: »Hu, hu!«
Und schreckte sie aus ihrer Ruh.
Schnell zog ein jeder noch hervor
Ein Bein und gleich die Flucht erkor.
»Wer hat nun recht?«, so sprach der Ritter.
Da sprach der Koch und schluchzte bitter:
»Herr, hättet gestern Ihr gemacht
Auch einen solchen Lärm, hervorgebracht
Hätt auch der Braten ein zweites Bein,
Des dürft Ihr fest versichert sein.
Ihr seht, es ist nicht meine Schuld.«
Durch dieses Wort erlangt er Huld;
Der Herr musst seiner Einfalt lachen.
So wird oft Scherz aus ernsten Sachen
Wo man erst fürchtet, dass erwachs'
Unheil daraus, so spricht
                                Hans Sachs

J. M.

Dä Koch vum Erzbischoff

En Kölle heel vör langer Zick
dä mächt'je Erzbischoff,
jefürch vun alle Börjerslück,
ne adelije Hoff.

Hatt Deenerschaff un Hofffjesind,
hatt Knääch un Määd en masse.
Voll wor imm Keller, Schaaf un Spind –
d'r Kaiser selvs wood blass.

Ens jing dä Här met singem Tross
aan summerlichem Daag
bei singem Schlössje *Falkeloss*
em Bröhler Bösch op Jaach.

Un singe leevste Falke schlog
zielsecher met Bravour
ne Kranich, dä vorövver flog
op singer lange Tour.

Dä Kranich wor e aadig Dier,
hatt Fett un Fleisch jenog;
do schlog dä Huushoffmeister vür:
»Dat wör jet för d'r Koch!«

Dä Koch, nit fuul, nemmp us un plöck
un föllt met Nöss dat Dier
un pinselt imm de Huck noch flöck
un setz et op et Füür.

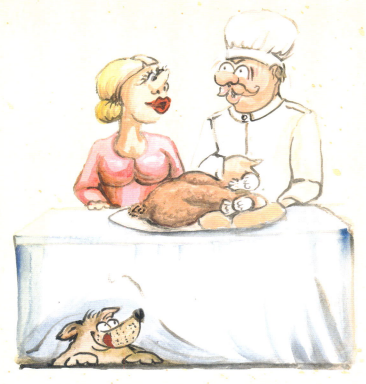

Un wie dä Vu'el aam Brutz'le es
su knusprig en d'r Pann,
do kütt däm Koch si Angenies
un will ne Schenkel han.

»Dat rüch su lecker un su jot,
dat bröötsch su schön em Saff;
zeig, leeve Mann, doch ens jet Mot,
jivv mir 'ne Schenkel av!«

Dä Koch säht: »Nä!« un weijert sich.
Do fängk dat Frauminsch aan:
»Dann loss ich aan ming Schenk'le dich
em Lewe nit mieh draan!«

Dä Koch hät endlich resigniert
un jov däm Nies ne Foß
un hät dä Kranich dann serviert
met einem Schenkel bloß.

Doch kannt hä singe Bischoff nit.
Dä wor villeich o'm Pääd!
Un nohm dä Koch sich beim Schlafitt
un stellt inn streng zor Red.

Dä Koch en singer Angks weiß Rot:
»Dä Kranich o'm Tablett
es vun ner janz bisund're Zoot,
die nur ei Beinche hät!«

Dä Bischoff will vor luuter Jier
sich jetz me'm Esse zaue.
»Doch murje, Koch, bewieste't mir,
söns loss ich blau dich haue!«

Aam Murje es däm Erzbischoff
sing Woot noch nit verfloge,
hä wink met Prüjel un met Zoff:
»Wieh dir, wenn du jeloge!«

Dann rigg me'm Koch hä övver't Feld,
do fleejen ömenein
wie övverall en aller Welt
Kraniche met zwei Bein.

Däm Koch, däm weed et plümerant,
Schweiß päält imm vum Jeseech,
hät aan d'r Bischoff sich jewandt:
»Seht Ihr em Murjeleech

aam Weiher do em Uferschilf
dä Kranichschwarm su klein?
Un jeder steiht – Maria hilf –
nur op nem enzije Bein!

Erkennt et selvs: Ich halde Wot,
wie ich et Üch versproche:
Dat es die janz spezielle Zoot
met einem Schenkelknoche.«

Un wirklich stundten do o'm Fleck
zehn Kran'che beienein
– d'r Kopp em Fedderkleid versteck –
em Schlof op einem Bein.

»Su also sull dat Spillche loufe?«,
liet sich dä Bischoff hüre,

»do welle m'r ens dä Kranichhoufe
em Schlof e bessje stüre!«

Klatsch en de Häng un röf: »Hu-hu!«
un jrief alt noh däm Steck.

Die Kran'che fleejen op em Nu
un han zwei Bein jestreck.

»Wat sähs'te jetz, do Spetzbov do,
wat meins'te zo däm ›Wunder‹?
Ihr Knächte, langt nur ööntlich zo,
haut inn vum Pääd erunder!«

»Halt, Eminenz! Ihr saht ›Hu-hu‹
un klatscht nur en de Flosse,
do es dä Kraniche em Nu
dat zweite Bein jesprosse.

Jewess, ich ben vör Staune platt,
doch frog'n ich Üch pikiert,
woröm Ihr nit ›Hu-hu!‹ jemaht,
wie jest're ich serviert?

Wor dat dann rääch, mich avzowatsche,
mich kalt un häzzloss aanzobelfe,
aanstatt ens en de Häng zo klatsche
un su mir us d'r Patsch ze helfe?!

Däm Vu'el, dä ich o'm Tablett
su nett met Zaus bejosse,
wör dann bestemmp – ich maach en Wett –
dat zweite Bein jesprosse!«

Die Antwoot düch däm Bischoff jot,
dä Mutterwetz imm aadig.
Un su verflüch sing heiße Wot:
Dä Koch, dä weed begnadig!

Theodor Fontane (1819–1898)

Herr von Ribbeck auf Ribbeck im Havelland

Herr von Ribbeck auf Ribbeck im Havelland,
Ein Birnbaum in seinem Garten stand,
Und kam die goldene Herbsteszeit,
Und die Birnen leuchteten weit und breit,
Da stopfte, wenns Mittag vom Turme scholl,
Der von Ribbeck sich beide Taschen voll,
Und kam in Pantinen ein Junge daher,
So rief er: »Junge, wist 'ne Beer?«
Und kam ein Mädel, so rief er: »Lütt Dirn,
Kumm man röver, ick hebb 'ne Birn.«

So ging es viel Jahre, bis lobesam
Der von Ribbeck auf Ribbeck zu sterben kam.
Er fühlte sein Ende. 's war Herbsteszeit,
Wieder lachten die Birnen weit und breit,
Da sagte von Ribbeck: »Ich scheide nun ab.
Legt mir eine Birne mit ins Grab.«
Und drei Tage drauf, aus dem Doppeldachhaus,
Trugen von Ribbeck sie hinaus,
Alle Bauern und Büdner mit Feiergesicht
Sangen »Jesus meine Zuversicht«,
Und die Kinder klagten, das Herze schwer:
»He is dod nu. Wer giwt uns nu 'ne Beer?«

J. M.

D'r Schmitz un sing Birre

D'r Schmitz hatt nevven singem Lade
ne Birreboum em Schreberjaade,
un wenn em Hervs et Sönnche schung
un die Birre leuchteten jääl ov brung,
dann stoppt' sich d'r Schmitz en d'r Meddagsstund
de Täsch voll met Birre, suvill wie hä kunnt.
Un kom'ene Jung lans de Ladedüür,
dann reef'e: »Pitterche, wills'te en Bihr?«
Un kom e Mädche, dann reef'e: »Leev Weech,
he häs'te en Bihr, die schmeck wie e Jedeech!«

Su jing et vill Johre. Doch kom dä Daag:
D'r Schmitz wor klapprig, alt un schwach
un fohlt jenau: »Bahl ben ich stief;
zom Jlöck sin jrad de Birre rief.«
Un saht singem Son: »Et es, wie et es,
doch lääg mer en Bihr en ming hölzere Kess!«
Un drei Daag späder han op d'r Bahre
d'r Schmitz se noh'm Kirchhoff erusjedrage;
die Nobere mahten e hellig Jeseech
un lägten en Aandaach et Köppche schräg.
Un die traurige Pänz mahten sich nix vür:
»Hä es duut jetz, wer jit uns jetz en Bihr?«

So klagten die Kinder. Das war nicht recht.
Ach, sie kannten den alten Ribbeck schlecht.
Der neue freilich, der knausert und spart,
Hält Park und Birnbaum strenge verwahrt.
Aber der alte, vorahnend schon
Und voll Misstrauen gegen den eigenen Sohn,
Der wusste genau, was er damals tat,
Als um eine Birn' ins Grab er bat.
Und im dritten Jahr aus dem stillen Haus
Ein Birnbaumsprössling sprosst heraus.

Und die Jahre gehen wohl auf und ab,
Längst wölbt sich ein Birnbaum über dem Grab,
Und in der goldenen Herbsteszeit
Leuchtet's wieder weit und breit.
Und kommt ein Jung übern Kirchhof her,
So flüsterts im Baume: »Wiste 'ne Beer?«
Und kommt ein Mädel, so flüsterts: »Lütt Dirn,
Kumm man röwer, ick gew' di 'ne Birn.«

So spendet Segen noch immer die Hand
Des von Ribbeck auf Ribbeck im Havelland.

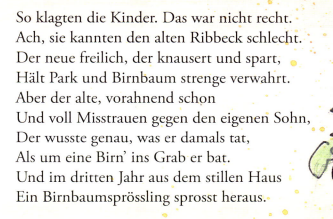

Su muulten die Pänz, doch wor dat nit rääch,
och, se kannten dä ahle Schmitz nur schlääch.
Dä Neue jedoch heelt d'r Duume drop,
stallt övverall nur Verbotsschilder op.
Ävver dä Ahl, dä hatt et jeahnt,
wat met däm Son sich aanjebahnt,
un woss, woröm hä om Duudebett
en Bihr en't Jraav sich bedunge hät.
Un em dretter Johr us däm stille Huus
ne Birreboumsprössling reck sich eruus.

Die Johre kumme, die Johre jon,
längs süht mer aam Jraav ne Birreboum ston,
un strahlt em Hervs et Sunneleech,
leuchten die Birre jääl un beige.
Un kütt'ene Jung aan de Kirchhoffsdüür,
dann wispert et: »Pitterche, wills'te en Bihr?«
Un kütt e Mädche, dann hauch et: »Leev Weech,
he häs'te en Bihr, die schmeck wie e Jedeech!«

Su wirk met singem Birrekään
dä ahle Schmitz noch immer Sään.

Paul von Winterfeld (1872–1905)

Der Franke in Byzanz

Kaiser Karl, der nimmermüde
Seiner Lande wohl bedachte,
Sandt' auch einstmals einen Boten
Hin zum Hofe von Byzanz.

Dort empfing man ihn mit Ehren,
Setzt' ihn an des Kaisers Tafel,
Und ihm ward sein Platz gewiesen
Mitten in der Großen Kreis.

Nun war ein Gesetz gegeben,
An des Kaisers Tische dürfe
Niemand auf die andre Seite
Wenden, was ihm vorgelegt.

Doch der Franke, dieser Satzung
Unerfahren, wendet' arglos
Seinen Fisch, der andern Seite
Ebenfalls ihr Recht zu tun.

Da erhoben sich die Fürsten
Mann für Mann, des Kaisers Ehre
Zu vertreten wider solche
Unerhörte Freveltat.

Und der Kaiser sprach mit Seufzen:
»Zwar dein Leben ist verfallen;
Doch es steht vor deinem Ende
Dir noch eine Bitte frei.

Was es immer sei, ich will es
Dir gewähren.« Und der Franke
Dachte nach, und sprach bedächtig:
– Alles lauschte seinem Wort. –

»Eine kleine Bitte hab' ich,
Eine einz'ge nur, Herr Kaiser.«
Und der Kaiser sprach: »Wohlan denn,
Sprich: sie ist voraus gewährt.

Nur das Leben dir zu schenken,
Ginge gegen unserer Väter
Allgeheiligte Bestimmung;
Jedes andre steht dir frei.«

Drauf der Franke: »Gerne sterb' ich.
Nur ein einziges begehr' ich,
Eh' sie mich zum Tode führen:
Wer den Fisch mich wenden sah,

Soll das Augenlicht verlieren.«
Und der Kaiser rief erschrocken:
»So mir Gott, die andern sagten's.
Ich, ich habe nichts gesehn.«

Und die Kaiserin desgleichen:
»Bei der heil'gen Gottesmutter,
Bei der Königin des Himmels
Schwör ich, dass ich nichts gesehn.«

Und des Reiches Große schwuren,
Bei den Fürsten der Apostel,

Bei der Engel und der Heil'gen
Scharen, dass sie nichts gesehn.

Also schlug der schlaue Franke
Sie mit ihren eignen Waffen.
Und er kehrte wohl und munter
Wieder heim ins Frankenland.

J. M.

Dä kölsche Jesandte

Vör dausend Johre un e paar Woche
zwei Kaiser levvten unger d'r Sonn.
Dä eine, Karl, dä soß en Ooche,
dä andre en Byzanz om Thron.

Eines Daags daach Karl d'r Decke:
»Heller weed noch minge Jlanz,
wenn ich ne Jesandte schecke
zo däm Kaiser vun Byzanz!«

Also deit hä sich bedenke,
wählt us Kölle sich dä Franz,
scheck, belaade met Jeschenke,
Franz noh'm Kaiser vun Byzanz.

Franz wood iehrevoll empfange:
unger Böckling un Jeschwafel
aanjedon met jolde Spange
un plazeet aan Kaisers Tafel.

Soß op echtem Zobelfell
zwesche Ritter, Fööschte, Jrafe.
Hummer wood un Lachsforell
vürjelaat vun schwazze Sklave.

Plötzlich ävver kom die Wende,
weil noh urahlem Jesetz
keiner durf dat Esse wende,
wat beim Kaiser vürjesetz.

Doch dä Kölsche, der vun su'ner
ahle Vürschreff nix jewoss,
driehten Lachs un driehten Hummer,
datt 'e och die Röcksick koss.

Do schaff dä Adel sich Jehüür,
dä schwere Frevel enzedämme,
die hellije kaiserliche Iehr
bedingungsloss en Schotz ze nemme.

D'r Kaiser selvs kunnt sich nit dröcke!
»Dir steiht d'r Duut zo, Franz vun Kölle.
Doch äh mer dich en't Jenseits schecke,
will ich dir noch ne Wunsch erfölle!«

Säht dä Franz: »Nur eine han ich,
klein – un enfach uszeführe…«
Drop dä Kaiser: »Jot, dat kann ich,
sag, wat du dir wünschs, ich hüüre.

Nur – dat Lewe dir ze schenke,
dat wör jäj'n de Tradizjuun.
Söns darfs du dir alles denke,
sprich et us, du häs et schun!«

»Stirve mäht mir nix! Jedoch
wünsch ich vör däm Füsiliere:
Wer dä Fesch mich wende soch,
sull et Ougeleech verliere!«

Jedem dät d'r Odem stocke,
mucks- un müüsjestill et wood.
Un d'r Kaiser reef verschrocke:
»Ich, ich han et nur jehoot,

andre han et mir jestoche,
weil ich jo d'r Kaiser ben,
doch ich schwör bei minge Knoche:
Ich han selver nix jesinn!«

»Weil dä Schwur en jod Method es«,
reef do laut de Kaiserin,
»schwör ich bei d'r Mutterjoddes:
ch'han jenausu nix jesinn!«

Un die Jrafe un Wesire
schwöre bei Sankt Aujustin,
schwöre, schwöre dousend Schwüre,
dat se all'mol nix jesinn.

»Woröm weed ich dann beschuldig,
wo doch keiner jet jesinn?
Wer, wie ich, däm Kaiser huldig,
weiß, dat ich nit schuldig ben!«

Schamme dät sich do dä Adel,
janz Byzanz hatt schlääch Jewesse,
denn vum kölsche Franz dä Tadel
trof jenau un hät jesesse.

Detlev von Liliencron (1844–1909)

Trutz, blanke Hans

Heut bin ich über Rungholt gefahren,
die Stadt ging unter vor fünfhundert Jahren.
Noch schlagen die Wellen da wild und empört,
wie damals, als sie die Marschen zerstört.
Die Maschine des Dampfers schütterte, stöhnte,
aus den Wassern rief es unheimlich und höhnte:
Trutz, blanke Hans.

Von der Nordsee, der Mordsee,
vom Festland geschieden,
liegen die friesischen Inseln im Frieden.
Und Zeugen weltenvernichtender Wut,
taucht Hallig auf Hallig aus fliehender Flut.
Die Möwe zankt schon auf wachsenden Watten,
der Seehund sonnt sich auf sandigen Platten.
Trutz, blanke Hans.

Mitten im Ozean schläft bis zur Stunde
ein Ungeheuer, tief auf dem Grunde.
Sein Haupt ruht dicht vor Englands Strand,
die Schwanzflosse spielt bei Brasiliens Sand.
Es zieht, sechs Stunden, den Atem nach innen,
und treibt ihn, sechs Stunden, wieder von hinnen.
Trutz, blanke Hans.

J. M.

Mir han kein Angks

Hück ben ich me'm Scheff övver Rungholt jefahre,
vör langer Zick fuhren do Kutsche un Kaare.
Wo hückzedaags Kutter un Feschernetz,
woren domols Stroße, Jasse un Plätz.
Ich spürt' minge Scheffsdiesel ack're un stöhne,
un ungen us d'r Deef, do hoot ich et höhne:
»Nä, mir han kein Angks!«

Durch die wilde Nordsee
vum Fessland jeschidde,
lijjen die Friesische Ins'le en Fridde;
un sulang dat Meer zefridde un satt,
luurt Hallig op Hallig us däm salzije Watt;
die Möwe schreie met iew'jem Jezänk,
d'r Seehungk sunnt sich op sandije Bänk.
»Nä, mir han kein Angks!«

Medden em Ozean schlöf bes zor Stund
e riesig Unjeheuer o'm Jrund.
Singe Kopp litt tireck aam schottische Strand,
singe Stätz ävver reck bes noh Füerland.
Sechs Stunde lang odmet hä en, dä Koloss,
un sechs lange Stunde odmet hä us.
»Nä, mir han kein Angks!«

Doch einmal in jedem Jahrhundert entlassen
die Kiemen gewaltige Wassermassen.
Dann holt das Untier tiefer Atem ein
und peitscht die Wellen und schläft wieder ein.
Viel tausend Menschen im Nordland ertrinken,
viel reiche Länder und Städte versinken.
Trutz, blanke Hans.

Rungholt ist reich und wird immer reicher,
kein Korn mehr fasst selbst der größte Speicher.
Wie zur Blütezeit im alten Rom
staut hier täglich der Menschenstrom.
Die Sänften tragen Syrer und Mohren,
mit Goldblech und Flitter in Nasen und Ohren.
Trutz, blanke Hans.

Auf allen Märkten, auf allen Gassen
lärmende Leute, betrunkene Massen.
Sie ziehn am Abend hinaus auf den Deich:
»Wir trotzen dir, blanker Hans, Nordseeteich!«
Und wie sie drohend die Fäuste ballen,
zieht leis aus dem Schlamm der Krake die Krallen.
Trutz, blanke Hans.

Doch all hundert Johre dröck op dem Jrund
dat Undier e Meer dörch Kieme un Schlund,
et klatsch de Welle un odmet deef en
un drieht sich un wälz sich un schlöf widder en.
Dann lossen vill dousend Minsche ihr Levve,
ihr Land weed enfach wegjedrevve.
»Nä, mir han kein Angks!«

Rungholt es rich un weed immer richer,
voll sin de Halle, de Schüre un Spicher.
Un janz wie fröher em ahle Rom
tummelt sich he dä Minschestrom:
Joldblech un Flitter, Brilljante un Jeld,
Rungholt verkehrt met d'r janze Welt!
»Nä, mir han kein Angks!«

Op Stroße un Plätz sin die Lück su fidel,
se laache un fiere un maache Krakeel,
erus op d'r Deich met Fiddel un Leier:
»Mir han kein Angks, du Nordseeweiher!«
Un wie se su höhnisch danze o'm Damm,
trick leis dä Krake die Krall uss'em Schlamm.
»Nä, mir han kein Angks!«

Die Wasser ebben, die Vögel ruhen,
der liebe Gott geht auf leisesten Schuhen.
Der Mond zieht am Himmel gelassen die Bahn,
belächelt der protzigen Rungholter Wahn.
Von Brasilien glänzt bis zu Norwegs Riffen
das Meer wie schlafender Stahl, der geschliffen.
Trutz, blanke Hans.

Und überall Friede, im Meer, in den Landen.
Plötzlich wie Ruf eines Raubtiers in Banden:
Das Scheusal wälzte sich, atmete tief
und schloss die Augen wieder und schlief.
Und rauschende, schwarze, langmähnige Wogen
kommen wie rasende Rosse geflogen.
Trutz, blanke Hans.

Ein einziger Schrei – die Stadt ist versunken,
und Hunderttausende sind ertrunken.
Wo gestern noch Lärm und lustiger Tisch,
schwamm andern Tags der stumme Fisch. –
Heut bin ich über Rungholt gefahren,
die Stadt ging unter vor fünfhundert Jahren.
Trutz, blanke Hans?

Die Welt kütt zor Rouh, et Wasser ebb av
un friedlich senk sich d'r Ovend erav.
D'r Mond trick aam Himmel sing urahle Bahn,
wat jon inn die protzije Rungholter aan?
Süht unge dat Meer vun Pol zo Pol –
ne jlänzende Liev wie jescheffene Stohl.
»Nä, mir han kein Angks!«

Do wälz sich dat Scheusal, hollt Odem su deef
un schleeß de Ouge widder un schlööf. –
Un övverall Fridde, em Meer un aan Land.
Doch plötzlich us Wasser en dunkele Wand:
Un schwazze Welle, wie Birje su huh,
kummen eranjefloge em Nu.
»Nä, mir han kein Angks!?«

Ne enzije Schrei – Hundertdousende duut,
die Stadt versunke en Wasser un Mutt.
Wo jest're noch Trubel un löstije Desch,
do schwommen aam andere Daag de Fesch. –
Hück ben ich me'm Scheff övver Rungholt jefahre,
vör langer Zick fuhren do Kutsche un Kaare.
»Nä, mir han kein Angks?!«

Heinz Ritter-Schaumburg (1902–1994)

Löwe und Maus

Der Löwe fing die kleine Maus. –
»Lieber Löwe, ach, lass mich aus!
Bist du in Not, ich helfe dir!«
»Du, kleines Mäuslein, mir?
Der Löwe hilft sich wohl allein!
Spring, kleine Maus, magst ledig sein!«

Doch bald danach, der Löwe fällt
in Netze, die der Jäger stellt.
Wie er sich reckt und schlägt und beißt,
das starke Netz er nicht zerreißt.
Er brüllt, so laut er brüllen kann.
Da kommt die kleine Maus heran.

Das schwache Mäuslein unverzagt
mit scharfem Zahne nagt und nagt,
und Masch auf Masch das Netz zerfällt,
bis es den Löwen nicht mehr hält.
Der große Löw' ist wieder frei! –
Verachte keins, so klein es sei!

J. M.

Dä Löw un die Muus

Dä Löw die kleine Muus erwisch.
»Ach, leeve Löw, loss loufe mich!
Wenn du en Nut bes, helf ich dir!«
»Du klitzekleine Muus hilfs mir?
Ich, Löw, bruch mir kein Hölp ze koufe!
Hau av, do Müüsje, ich loss dich loufe!«

Dä Löw e paar Dag späder fällt
en Netze, die dä Jäjer stellt.
Wie hä och röddelt, schläg un bieß –
dat stärke Netz hä nit zerrieß.
Hä bröllt, su laut hä brölle kann.
Do kütt dat kleine Müüsje aan

un mäht sich draan, statt zo verzage,
mit singe kleine Zäng zo nage.
Un Masch op Masch weed wegjebesse,
bes dat dat janze Netz zerresse.
Dä Löw, befreit, weed nie mieh laache
un övver Müüs sich löstig maache!

Heinrich Hoffmann (1809–1894)

Die gar traurige Geschichte mit dem Feuerzeug

Paulinchen war allein zu Haus,
die Eltern waren beide aus.
Als sie nun durch das Zimmer sprang
mit leichtem Mut und Sing und Sang,
da sah sie plötzlich vor sich stehn
ein Feuerzeug, nett anzusehn.
»Ei,« sprach sie, »ei, wie schön und fein!
Das muss ein trefflich Spielzeug sein.
Ich zünde mir ein Hölzchen an,
wie's oft die Mutter hat getan.«
Und Minz und Maunz, die Katzen,
erheben ihre Tatzen.
Sie drohen mit den Pfoten:
»Der Vater hat's verboten!
Miau! Mio! Miau! Mio!
Lass stehn! Sonst brennst du lichterloh!«

Paulinchen hört die Katzen nicht!
Das Hölzchen brennt gar hell und licht,
das flackert lustig, knistert laut,
grad wie ihr's auf dem Bilde schaut.
Paulinchen aber freut sich sehr
und sprang im Zimmer hin und her.
Doch Minz und Maunz, die Katzen,
erheben ihre Tatzen.
Sie drohen mit den Pfoten:
»Die Mutter hat's verboten!
Miau! Mio! Miau! Mio!
Wirf's weg! Sonst brennst du lichterloh!«

Doch weh! Die Flamme fasst das Kleid,
die Schürze brennt, es leuchtet weit.
Es brennt die Hand, es brennt das Haar,
es brennt das ganze Kind sogar.
Und Minz und Maunz, die schreien
gar jämmerlich zu zweien:
»Herbei! Herbei! Wer hilft geschwind?
In Feuer steht das ganze Kind!
Miau! Mio! Miau! Mio!
Zu Hilf! Das Kind brennt lichterloh!«

Verbrannt ist alles ganz und gar,
das arme Kind mit Haut und Haar;
ein Häuflein Asche bleibt allein
und beide Schuh, so hübsch und fein.
Und Minz und Maunz, die kleinen,
die sitzen da und weinen:
»Miau! Mio! Miau! Mio!
Wo sind die armen Eltern? Wo?«
Und ihre Tränen fließen
wie's Bächlein auf den Wiesen.

J. M.

Dat Ännche met dä Strichhölzjer

Et Ännche wor d'rheim allein.
Die Eld're woren em Verein.
Wie et su sprung em Zemmer 'röm
met jodem Mot un ohne Klemm,
do soch et, dat aam Köchedooch
e lila Strichholzdöösje log.
»Dat muss«, su jing imm durch d'r Senn,
»e wunder-herrlich Spillzüch sin.
Ich steck en Brand ens su ne Spon,
wie't och de Eld're han jedon!«
Un Minz un Munz, die Kätzjer,
die waggele met de Stätzjer,
verzwiefelt maachen se Männche:
»Dat es verbodde, Ännche!
Miau! Miüh! Miau! Miüh!
Loss ston, söns brenns'te hell wie Strüh!«

Et Ännche ävver hüürt nit hin!
Dat Hölzje brennt su hell un fing,
et flackert löstig, knistert laut,
do hät dat Ännche sich jefraut.
Un doröm stich dat leck're Bölzje
en Brand jitz alt et zweite Hölzje
un springk aläät un unjestüm
domet em janze Zemmer 'röm.
Un Minz un Munz, die Kätzjer,
die waggele met de Stätzjer,
verzwiefelt maachen se Männche:
»Dat es verbodde, Ännche!
Miau! Miüh! Miau! Miüh!
Blos us, söns brenns'te hell wie Strüh!«

Au wieh! op eimol pack dat Füür
däm Ann si Kleid (un dat wor düür),
et brennt dat Schützel, brennt die Hand,
dann steiht dat janze Kind en Brand.
Un Minz un Munz, die Kätzjer,
die waggele met de Stätzjer.
»Kutt her un helft uns, wenn ihr künnt:
En Flamme steiht dat janze Kind!
Miau! Miüh! Miau! Miüh!
Ze Hölp, dat Kind brennt hell wie Strüh!«

Doch keiner kom. Zom Schluss, do wor
dat Kind verbrannt met Huck un Hoor.
Zeröck blevv usser nem Höufje Äsch
us Imitat en Kroko-Täsch.
Un Minz un Munz, die hüüle
un kriesche wie die Ühle:
»Miau! Miüh! Miau! Miüh!
Die ärme Eldere, au wieh!«
Un kriesche Troone Daag un Naach
su vill als wie d'r Duffesbaach.

Wilhelm Busch (1832–1908)

Die beiden Schwestern

Es waren mal zwei Schwestern,
ich weiß es noch wie gestern.
Die eine namens Adelheid
war faul und voller Eitelkeit.
Die andre, die hieß Käthchen
und war ein gutes Mädchen.
Sie quält sich ab von früh bis spät,
wenn Adelheid spazieren geht.
Die Adelheid trank roten Wein,
dem Käthchen schenkt sie Wasser ein.

Einst war dem Käthchen anbefohlen,
im Walde dürres Holz zu holen.
Da saß an einem Wasser
ein Frosch, ein grüner, nasser;
der quakte ganz unsäglich,
gottsjämmerlich und kläglich:
»Erbarme dich, erbarme dich,
ach, küsse und umarme mich!«

Das Käthchen denkt: Ich will's nur tun,
sonst kann der arme Frosch nicht ruhn!
Der erste Kuss schmeckt recht abscheulich.
Der gräsiggrüne Frosch wird bläulich.
Der zweite schmeckt schon etwas besser;
der Frosch wird bunt und immer größer.
Beim dritten gibt es ein Getöse,
als ob man die Kanone löse.

J. M.

Die zwei Schwestere

Et woren ens zwei Schwestere,
ich weiß et noch wie jestere.
Die ein heiß Adelheid: en Frau,
su opjetakelt wie ne Fau.
Die and're, die sich Kättche nennt,
hät nie d'r Wecker noch verpennt
un deit met Arbeit sich kuriere.
Et Adelheid jeiht jään spaziere,
drink Schampus voller Appetit,
endess et Kättche Wasser kritt.

Ens moht dat Kättche en d'r Bösch,
för Holz ze holle, alt un drüsch.
Aam Weiher soß do jrad
en jlitsch'je Höppekraat,
ne Frosch, su naaß un jrön;
dä sproch un quaak esu schön:
»Erbärm dich doch, erbärm dich doch,
ach, bütz mich un ömärm mich doch!«

Dat Kättche denk: »Ich bütz 'n flott,
söns jeiht dä ärme Frosch kapott!«
Dat eezte Bützje schmeck wie'n Sau.
Die jröne Höppekraat weed blau.
Dat zweite Bützje schmeck alt sößer;
dä Frosch weed bunt un immer jrößer.
Un wie dä drette Butz jenosse,
knallt et, als wööd Salut jeschosse.

Ein hohes Schloss steigt aus dem Moor,
ein schöner Prinz steht vor dem Tor.
Er spricht: »Lieb Käthchen, du allein
sollst meine Herzprinzessin sein!«
Nun ist das Käthchen hochbeglückt,
kriegt Kleider schön mit Gold bestickt
und trinkt mit ihrem Prinzgemahl
aus einem goldenen Pokal.

Indessen ist die Adelheid
in ihrem neusten Sonntagskleid
herumspaziert an einem Weiher,
da saß ein Knabe mit der Leier.
Die Leier klang, der Knabe sang:
»Ich liebe dich, bin treu gesinnt;
komm, küsse mich, du hübsches Kind!«

Kaum küsst sie ihn, da wird er grün,
so wird er struppig, eiskalt und schuppig.
Und ist, o Schreck!,
der alte, kalte Wasserneck.
»Ha!«, lacht er, »diese hätten wir!«
Und fährt bis auf den Grund mit ihr.

Da sitzt sie nun bei Wasserratzen,
muss Wassernickels Glatze kratzen,
trägt einen Rock von rauhen Binsen,
kriegt jeden Mittag Wasserlinsen;
und wenn sie etwas trinken muss,
ist Wasser da im Überfluss.

E Märche-Schloss steig us d'r Ääd,
aam Dörpel steiht ne Prinz un säht:
»Ach, Leejve, du, mie lecker Kättche,
bes janz allein mie Zuckerpöttche!«
Jetz lääv dat Kättche voller Jlöck,
dräht Kleider, die met Jold besteck,
un drink met singem Prinzjemahl
nur noch us joldenem Pokal.

Enzwesche es dat Adelheid
en singem neuste Sunndagskleid
erömspazeert un trof aam Weiher
ne staatse Jung, dä spillt de Leier.
Die Leier klung, do sung dä Jung:
»Ich han dich leev, ben treu wie Jold.
Dröm bütz mich, Määd, un bes mir hold!«

Koum bütz et schön, do weed hä jröön,
dann weed hä struppig, ieskalt un schuppig
un es, o Schreck!,
dä ahle kahle Wassernöck.
Hä laach: »Kumm met en mi Revier!«
un fährt bes op d'r Jrund met ihr.

Do setz dat Alt jetz bei de Fesche
un muss däm Nöck et Köppche striche.
Et drääg ne Rock us haade Binse,
ze Esse jit et Wasserlinse,
un wenn et ens jet drinke muss,
es Wasser do em Övverfluss.

Gotthold Ephraim Lessing (1729–1781)

Der über uns

Hans Steffen stieg bei Dämmerung (und kaum
konnt er vor Näschigkeit die Dämmerung erwarten)
in seines Edelmannes Garten
und plünderte den besten Apfelbaum.

Johann und Hanne konnten kaum
vor Liebesglut die Dämmerung erwarten
und schlichen sich in ebendiesen Garten
von ungefähr an ebendiesen Apfelbaum.

Hans Steffen, der im Winkel oben saß
und fleißig brach und aß,
ward mäuschenstill vor Wartung böser Dinge,
dass seine Näscherei ihm diesmal schlecht gelinge.
Doch bald vernahm er unten Dinge,
worüber er der Furcht vergaß
und immer sachter weiteraß.

Johann warf Hannen in das Gras.
»O pfui«, rief Hanne, »welcher Spaß!
Nicht doch, Johann! – Ei was?
O schäme dich! – Ein andermal – o lass –
O schäme dich! Hier ist es nass.« –
»Nass oder nicht; was schadet das?
Es ist ja reines Gras.« –

J. M.

Dä övver uns

D'r Chres, dä Appelspetzbov, schafft et koum,
schmeckleckerig de Dämm'rung avzowaade,
dann steeg beim Nohber leis hä en d'r Jaade
un klomm do op d'r vollste Appelboum.

D'r Hannes un et Billa schafften't koum,
en heißer Glot de Dämmrung avzowaade,
do schlechen se sich en dä selve Jaade
un unger jrad dä selve Appelboum.

D'r Chres, dä bovven en d'r Krun jesesse
un vürhatt, unjestürt sich satt ze esse,
wood müüsjestill, us Angks, mer künnt in fange
un wäjen Äppelkläuerei belange.
Schun bahl jedoch vernohm hä unge Saache,
bei denne hä sing Angks verjesse hät;
wie sich dat Paar en't Jras jeschmesse hät,
kunnt frisch hä met däm Esse wiggermaache.

»Halt!«, reef et Bill, »wat sin dat för'n Allüre?
Un halt de Finger bei dir – ohne Spass!
E andermol! Dann jo'mer en de Schüre!
He unger'm Boum, do es et mir ze naaß!«
»Naaß odder drüch, wat mäht dat, söße Has?
Et es doch mangs un weich, dat huhe Jras!

Wie dies Gespräche weiterlief,
das weiß ich nicht. Wer braucht's zu wissen?
Sie stunden wieder auf, und Hanne seufzte tief:
»So, schöner Herr, heißt das bloß küssen?
Das Männerherz! Kein einzger hat Gewissen!
Sie könnten es uns so versüßen!
Wie grausam aber müssen
wir armen Mädchen öfters dafür büßen!

Wenn nun auch mir ein Unglück widerfährt! –
Ein Kind – ich zittre. – Wer ernährt
mir dann das Kind? Kannst du es mir ernähren?«
»Ich?« sprach Johann, »die Zeit mag's lehren.
Doch wird's auch nicht von mir ernährt,
Der über uns wird's schon ernähren;
dem über uns vertrau!«

›Dem über uns!‹ Dies hörte Steffen.
›Was‹, dacht er, ›will das Pack mich äffen?
Der über ihnen? Ei, wie schlau!‹
»Nein!«, schrie er, »lasst euch andere Hoffnung laben!
Der über euch ist nicht so toll!
Wenn ich ein Bankbein nähren soll,
so will ich es auch selbst gedrechselt haben!«

Wer hier erschrak und aus dem Garten rann,
das waren Hanne und Johann.
Doch gaben bei dem Edelmann
sie auch den Apfeldieb wohl an?
Ich glaube nicht, dass sie's getan.

Kumm, scheck dich dren, bliev lijje, lecker Nützje,
un loss dich dröcke met nem heiße Bützje!«
Su fing dat Balje aan. D'r Mond jing op.
Un noch su manches andre es passiert.
Dann stundten die Verliebte widder op,
un't Billa, hinger Odem, lamentiert:
»Aha, dat also heiß för dich ›nur dröcke‹?
Ihr Männer wullt doch allemol nur jöcke!

Un krijj'n ich jetz e Kind, kanns du mir schwöre,
du Lotterbov, du deis et mir ernähre?!«
»Ernähre – ich? Ach, Billa, du stells Froge.
Un deis esu, als wör et alt jebore.
Wer weiß, wat murje es un üvvermurje?
Dä Här, dä övver uns,
dä weed schun doför surje.«

›Dä övver uns?‹ Dat hürt verdutz dä Chres.
Wat – denk hä – schwaden die do för 'nen Dress?
Hä blös sing decke Backe op un schreit:
»Dä övver üch? Ihr sid wahl nit jescheit!
För sujet ben ich nit d'r recht'je Mann!
Ihr künnt mich ens! Ich ben doch nit bestuss!
Wenn ich mich öm ne Käjel kömm're muss,
dann well ich inn och selvs jedrechselt han!«

Su schreit dä Spetzbov, dä em Boum stibitz.
Mer kann sich denke, wie die Zwei jeflitz!
Doch han dä Name se vun däm do bovve
– suvill ich weiß – bei keinem aanjejovve.

Friedrich Rückert (1788–1866)
Der betrogene Teufel

Die Araber hatten ihr Feld bestellt,
Da kam der Teufel herbei in Eil';
Er sprach: »Mir gehört die halbe Welt,
Ich will auch von eurer Ernte mein Teil.«

Die Araber aber sind Füchse von Haus;
Sie sprachen: »Die untere Hälfte sei dein!«
Der Teufel will allzeit oben hinaus:
»Nein«, sprach er, »es soll die obere sein!«

Da bauten sie Rüben an einem Strich,
Und als es nun an die Teilung ging,
Die Araber nahmen die Wurzeln für sich,
Der Teufel die gelben Blätter empfing.

Und als es wiederum ging ins Jahr,
Da sprach der Teufel in hellem Zorn:
»Nun will ich die untere Hälfte fürwahr!«
Da bauten die Araber Weiz' und Korn.

Und als es wieder zur Teilung kam,
Die Araber nahmen den Ährenschnitt,
Der Teufel die leeren Stoppeln nahm
Und heizte der Hölle Ofen damit.

J. M.
De Vürjebirgsboore

De Vürjebirgsboore hatten met Fließ
beizigge de Felder bestellt,
do kom d'r Düvel vorbei un saht:
»Mir huldig de halve Welt.
Ich will, wat mir zosteht vun ührer Frooch:
De Hälfde es winnig, doch mir jrad jenog!«
Die kölsche Boore woren alt immer
jenööglich vun Natur.
»Mir sin«, su sahten se, »enverstande,
han ein Bedingung nur:

Die ungere Hälfde es, Düvel, för dich!«
Doch schlau reef d'r Düvel: »Die ovvere will ich!«

Do jingken de Vürjebirgsboore aan't Werk,
han Äädäppel övv'rall jesatz,
un wie et em Summer aan't Usmaache jing,
do wor d'r Düvel verratz:
Die Boore han Äädäppel mieh wie jenog,
d'r Düvel... hät sich met de Blädder jeplog.

Et nächste Johr stund noch koum en et Huus,
do reef d'r Düvel voll Woot:
»Jetz will ich die ungere Hälfde han,
die ungere! Koot un joot!«
Do kuschten die Boore un sahten: »Jewess,
mir maachen et, wie et jefällig es.«

Un bouten fließig Hafer un Koon...
Beim Deile jedoch, zackerjüh!!,
do kräaten die Boore d'r Iehreschnett,
d'r Düvel ävver nur Strüh.
Domet kunnt anderthalve Woche
hä en d'r Höll et Füer stoche.

Do fing d'r Düvel aan ze flenne,
wat söns nit jrad sing Aat.
't hulf alles nix, hä moht erkenne,
dat hä jet falsch jemaht:
Nit ens d'r Düvel kann et wage,
met Vürjebirgsboore sich 'römzeschlage.

Jupp Muhr (* 1941)

Em Museum

Kölle, Amsterdam, Berlin,
London, Lissabon un Wien,
Louvre, Prado, Jalerie,
Kuns'verein, Akademie:
Petersburg, Museum Getty,
Uffizien un Cincinnati,

Metropolitan, Milano,
Winterthur un Vaticano,
Liechtenstein un Luxemburg,
Tretjakow un Edinburg:
Wo se en't Museum dränge,
süht mer »Prunkjedecke« hänge.

Veronese, Zurbarán,
Manet, Monet, Tizian,
Leonardo, Raffaello
un Giovanni Piccobello –
quer dörch alle Kuns'epoche
es dä Schanger unjebroche:

Klassiziste, Symboliste,
Im- un Expressioniste,
ahle Meister oder jünger …
Jede Menge Pinselschwinger
han (un dat es nit jekohlt!)
jään »Jedeckte Desch« jemolt.

Hummer, Lachs un Nidderwild
(met Kuschteie opjeföllt),
Hechte, Zander un Forelle,
Druuve, Keesche, Mirabelle,
Wachteleier, Hohn un Hahn,
Wildent', Jans un Joldfasan.

Op nem Deschdooch vun Brokat:
Nougat, Nöss un Appeltaat,
Musch'le, Aust're, Wingbergschneck,
Lammragout un fette Speck,
Kies un Schinke, Appelsine,
Brut un Kooche un Sardine.

Schwer vun Silver dat Besteck,
Meißner-Porzelling-Jedeck,
he un do ne Joldpokal
un die Jläser us Kristall,
Blomeschmuck, dä övverquillt –
Sujet nennt mer »Fröhstöcksbild«.

All dat kanns'te – wat e Dinge! –
hück em Kuns'museum finge.
Die Museumsämpter zeije:
die Besöökerzahle steije!
Su bestemmp die Loss am Fresse
hückzedaags dat Kuns'int'resse.

Walther von der Vogelweide (um 1170–1230)

Under der linden

Under der linden
an der heide,
dâ unser zweier bette was,
dâ muget ir vinden
schône beide
gebrochen bluomen unde gras.
Vor dem walde in einem tal,
tandaradei,
schône sanc diu nahtegal.

Ich kam gegangen
zuo der ouwe,
dô was mîn friedel komen ê.
Dâ wart ich enpfangen,
hêre frouwe,
daz ich bin sælic iemer mê.
Kust er mich? Wol tûsentstunt:
tandaradei,
seht, wie rôt mir ist der munt.

Dô het er gemachet
alsô rîche
von bluomen eine bettestat.
Des wirt noch gelachet
inneclîche,
kumt iemen an daz selbe pfat.
Bî den rôsen er wol mac,
tandaradei,
merken, wâ mirz houbet lac.

Daz er bî mir læge,
wesse ez iemen
(nû enwelle got),
sô schamt ich mich.
Wes er mit mir pflæge,
niemer niemen
bevinde daz, wan er und ich,
und ein kleinez vogellîn –
tandaradei,
daz mac wol getriuwe sîn.

J. M.

Unger däm Lindeboum

Unger däm Lindeboum
op d'r Wies,
wo ich mich trof met mingem Jlöck,
do künnt ihr finge,
ach, wie söß,
Jras un Blome plattjedröck.
Vör däm Waldstöck övver'm Tal
Ti-re-li-dü!
sung su schön de Naachtijall.

Wie ich jejange
kom zo dä Au,
waat minge Leevste alt op mich.
Do wood ich empfange,
Marja-Jau!
Noch ben vor Jlöck ich schwindelig.
Ov hä mich bütz? Wat frogt ihr dann?!
Ti-re-li-dü!
Luurt üch ming ruude Leppe aan.

Us Blome schnell
aam helle Daag
maht minge Leevst' uns do e Bett,
dat jeder hell
un häzzlich laach,
der hück do lansjejange kütt:
Aan dä Ruse kann hä noch
Ti-re-li-dü!
merke, wo me'm Kopp ich log.

Wie hä mich dröckte,
wöss dat einer –
du leever Jott, wie schammt' ich mich!
Dat hä mich plöckte –
keiner, keiner
weiß dovun, bloß hä un ich
un die kleine Nachtijall,
Ti-re-li-dü!,
die jesunge hät em Tal.

Andreas Gryphius (1616–1664)

Es ist alles eitel

Du sihst / wohin du sihst nur Eitelkeit auff Erden.
Was dieser heute baut / reist jener morgen ein:
Wo itzund Städte stehn / wird eine Wiesen seyn /
Auff der ein Schäfers-Kind wird spielen mit den Herden.

Was itzund prächtig blüht / sol bald zutretten werden.
Was itzt so pocht vnd trotzt ist morgen Asch vnd Bein /
Nichts ist / das ewig sey / kein Ertz / kein Marmorstein.
Itzt lacht das Glück vns an / bald donnern die Beschwerden.

Der hohen Thaten Ruhm muss wie ein Traum vergehn.
Soll denn das Spiel der Zeit / der leichte Mensch bestehn?
Ach! was ist alles diß / was wir vor köstlich achten /

Als schlechte Nichtigkeit / als Schatten / Staub vnd Wind;
Als eine Wiesen-Blum / die man nicht wider find't.
Noch wil was ewig ist / kein einig Mensch betrachten.

J. M.

Et es alles Tinnef

Du sühs, wohin de sühs, nur Tinnef op d'r Ääd.
Wat einer hück jebout, rieß murje einer en;
wo Städt un Dörper stonn, do weeden Wiese sin,
op denne Schöferskinder sich tumm'le met d'r Hääd.

Wat hück su prächtig blöht, es bahl schun platt un duut,
wat jetz voll Saff un Kraff, es murje Äsch un Bein;
nix hält sich op de Duur, nit Iese un nit Stein.
Koum laach dat Jlöck uns aan, folg Unjlöck, Möh un Nut.

Erfolg, Verdeens un Arbeit muss wie ne Droum verjonn,
Wie usjerechnet sullt d'r Minsch op Ääd bestonn?
Ach, wat es alles dat, wat mir för wichtig aachte,

als Mumpitz, Käu un Krom, als Stöbb un heiße Luff
un wie ne Luffballong, dä huhsteig un verpuff?!
Will dann, wat wirklich wichtig, nit eine Minsch betraachte?

Ricarda Huch (1864–1947)

Nicht alle Schmerzen sind heilbar

Nicht alle Schmerzen sind heilbar, denn manche schleichen
Sich tiefer und tiefer ins Herz hinein,
Und während Tage und Jahre verstreichen,
Werden sie Stein.

Du sprichst und lachst, wie wenn nichts wäre,
Sie scheinen zerronnen wie Schaum.
Doch du spürst ihre lastende Schwere
Bis in den Traum.

Der Frühling kommt wieder mit Wärme und Helle,
Die Welt wird ein Blütenmeer.
Aber in meinem Herzen ist eine Stelle,
Da blüht nichts mehr.

J. M.

Nit alle Ping verjon

Nit alle Ping verjon, denn manche schliche
sich deefer un deefer en Mark un Bein,
un wenn die Daage un Johre verstriche,
wääden se Stein.

Du sprichs un laachs, wie wenn nix wör,
erinners dich noch koum;
doch heimlich spürs'te die Lass esu schwer
bes en d'r Droum.

D'r Frühling kütt widder, wärm un hell,
streut Bloome suvill wie nie.
Ävver en mingem Häzz es en Stell,
do blöht nix mieh.

Paul Heyse (1830–1914)

Novelle

Sie kannten sich beide von Angesicht,
Sie sprachen sich nie und liebten sich nicht.
Er nahm ein Weib, das die Mutter ihm wählte,
Als sie sich mit einem Vetter vermählte.

Er war zufrieden mit seinem Los;
Sie wähnte sich recht in des Glückes Schoß.
Nur manchmal, zur Zeit der Fliederblüte,
Was wollte da knospen in ihrem Gemüte?

Und einst nach Jahren am dritten Ort
Da sagten sie sich das erste Wort,
Am selben Tische zum ersten Male –
Der Flieder duftet' herein zum Saale.

Was er sie gefragt, was sie ihm gesagt,
Es war nicht neu und war nicht gewagt;
Doch plötzlich, mitten im Plaudern und Scherzen,
Erschraken sie beide im tiefsten Herzen.

J. M.

Aam Avjrund

Zwei, die sich als Kind vum Sinn jekannt,
e paarmol joven se sich de Hand.
Hä nohm sich en Frau, vun d'r Mutter bestemmp,
un sei hät sich hinger ne Vetter jeklemmp.

Hä wor zofridde en singem Jlöck;
och sei fohlt sich secher en ihrem Jeheck.
Nur manchmol, zor Zick, wenn d'r Flieder blöht,
wullt do nit jet knospe en ihrem Jemöt?

Un dann, noh Johre – en fremder Stadt –,
han se e Woot metenander jeschwaad,
em Stroßecafé aam selve Desch –
vum Park trook eren d'r Fliederduff frisch.

Wat hä se jefrog un wat sei imm jesaht,
wor nix Bisundres, nit neu noch apaat;
doch plötzlich, em lock're Verzälle un Schwätze,
verschrooken se beids em ennerste Häzze.

Sie hatten mit tödlichem Staunen erkannt,
Wie seltsam eins das andre verstand,
Auch das, was beiden im stillen Gemüte
Erwachte zur Zeit der Fliederblüte.

Sie sahen sich an einen Augenblick
Und sahn einen Abgrund von Missgeschick,
Dann blickten sie weg, und beide verstummten,
So munter rings die Gespräche summten.

Drauf ging sie nach Haus mit dem eigenen Mann,
Er führte sein Weib, so schieden sie dann
Und sagten, sie würden sich glücklich schätzen,
Die werte Bekanntschaft fortzusetzen.

Doch wie er am andern Morgen erwacht,
Was hat ihn so bitter lachen gemacht?
Und wie sie auffuhr von ihrem Kissen,
Was hat sie so heimlich weinen müssen?

Sie haben sich niemals wiedergesehn,
Sie wussten sich klug aus dem Weg zu gehn.
Nur immer zur Zeit der Fliederblüte
Wie Spätfrost schauert's durch ihr Gemüte.

Met Staune un Schrecke wood inne kund,
wie eins dat and're blindlings verstund,
verstund och, wat inne deef em Jemöt
opbreche dät, wenn d'r Flieder blöht.

Un se bleckten sich aan, un keiner sproch,
se sochen dä Avjrund, dä vör inne log.
Dann loorten se weg un schweejen sich uus
un jingken, als wör nix jewäse, noh Huus.

Hä saht noch, hä dät op e andermol hoffe.
Un sei saht: »Wie nett, dat mir uns jetroffe.«
En nette Bekanntschaff wie die wör et wäät,
dat mer se jeläjentlich opfrische dät.

Doch wie kunnt et sin, dat aam andere Daag
su ääns un su spröd un su kalt hä jelaach?
Wie kom et, dat murjens en ihrem Kesse
sei waach wood un heimlich hät kriesche mösse?

Niemols mieh soch mer zesamme se ston,
se wossten sich klog uss'em Wäg ze jon.
Nur immer zor Zick, wenn d'r Flieder blöht,
dann trook et wie Spätfross dörch ihr Jemöt.

Matthias Claudius (1740–1815)

Die Sternseherin Lise

Ich sehe oft um Mitternacht,
Wenn ich mein Werk getan
Und niemand mehr im Hause wacht,
Die Stern' am Himmel an.

Sie gehn da, hin und her zerstreut,
Als Lämmer auf der Flur;
In Rudeln auch, und aufgereiht
Wie Perlen an der Schnur.

Und funkeln alle weit und breit
Und funkeln rein und schön;
Ich seh' die große Herrlichkeit
Und kann mich satt nicht sehn.

Dann saget unterm Himmelszelt
Mein Herz mir in der Brust:
»Es gibt was Bessers in der Welt
Als all ihr Schmerz und Lust.«

Ich werf mich auf mein Lager hin,
Und liege lange wach,
Und suche es in meinem Sinn:
Und sehne mich darnach.

J. M.

Dä Stäänekucker

Ich sinn mir off öm Meddernaach
huh övver'm Kirchturmshahn,
wenn keiner mieh em Huus es waach
die Stään aam Himmel aan.

Se wand're op dä Himmelsflur
wie Schöfje op d'r Weid,
als wör'n se aan ner blaue Schnur
wie Pääle opjereiht.

Se funk'le dörch die blaue Naach
un leuchten wie Rubin.
Ich sinn die wunderbare Praach
un kann mich satt nit sinn.

Dann flüstert unger'm Himmelszelt
et Häzz mir en d'r Bross:
»Et jit jet Bess'res en d'r Welt
als all ihr Leid un Loss!«

Ich strecke op däm Bett mich hin
un lijje lang noch do.
Wie, frog ich, mag dat Bess're sin?
Un sehne mich donoh.

August Kopisch (1799–1853)

Die Heinzelmännchen zu Köln

Wie war zu Köln es doch vordem
Mit Heinzelmännchen so bequem!
Denn, war man faul, man legte sich
Hin auf die Bank und pflegte sich:
Da kamen bei Nacht,
Eh' man's gedacht,
Die Männlein und schwärmten
Und klappten und lärmten,
Und rupften und zupften,
Und hüpften und trabten
Und putzten und schabten,
Und eh' ein Faulpelz noch erwacht,
War all' sein Tagewerk bereits gemacht!

Die Zimmerleute streckten sich
Hin auf die Spän' und reckten sich.
Indessen kam die Geisterschar
Und sah, was da zu zimmern war.
Nahm Meißel und Beil
Und die Säg' in Eil;
Und sägten und stachen
Und hieben und brachen,
Berappten und kappten,
Visierten wie Falken
Und setzten die Balken.
Eh sich's der Zimmermann versah,
Klapp, stand das ganze Haus schon fertig da!

J. M.

Die Heinzelmännncher vun Kölle

Met Heinzelmänncher wor ze Kölle
Met Levve schön – loht mich verzälle:
Wor einer fuul, stallt hä sich krank
un laht sich op de Ovvebank.
Do komen bei Naach,
ieh mer 't jedaach,
die Käälcher un rötschten
un klappten un blötschten
un ruppten un zuppten
un woren aam Trabe,
am Putze un Schabe.
Un daach dä Fuulich opzeston,
do wor sing janze Arbeit alt jedonn!

Die Zemmerlück, die streckten sich
om Säjemähl un reckten sich.
Endesse kom die kleine Schwitt,
braht Hammer, Nääl un Meißel met
un fing aan ze sääje,
die Hängcher ze rääje.
Se woren aam Kloppe
met hölzere Proppe
un knuuvten un schruuvten
un linsten wie Falke
un satzten de Balke.
Dä Zemm'rer noch aam Schnarche wor,
klapp, stund dat Huus alt fix un fäädig do.

42

Beim Bäckermeister war nicht Not,
Die Heinzelmännchen backten Brot.
Die faulen Burschen legten sich,
Die Heinzelmännchen regten sich –
Und ächzten daher
Mit den Säcken schwer!
Und kneteten tüchtig
Und wogen es richtig,
Und hoben und schoben,
Und fegten und backten
Und klopften und hackten.
Die Burschen schnarchten noch im Chor:
Da rückte schon das Brot, das neue, vor!

Beim Fleischer ging es just so zu:
Gesell' und Bursche lag in Ruh.
Indessen kamen die Männlein her
Und hackten das Schwein die Kreuz und Quer.
Das ging so geschwind
Wie die Mühl' im Wind!
Die klappten mit Beilen,
Die schnitzten an Speilen,
Die spülten, die wühlten,
Und mengten und mischten
Und stopften und wischten.
Tat der Gesell die Augen auf –
wapp, hing die Wurst schon da im Ausverkauf!

Beim Bäckermeister dät nix nut:
Die Heinzelmänncher backten Brut.
Die fuul Jeselle schnarchten bloß –
die Heinzelmänncher lahten loss:
Se schleppten un hovve
die Mählsäck noh bovve
un rührten dä Deig,
bes mangs hä un weich,
un lochten un stochten
un fägten und backten
un kloppten un hackten.
Die Pooschte schnarchten noch em Huus:
Do speit et Backes alt dat heiße Brut erus.

Beim Metzjer wor't jenau su nett:
Jesell un Liehrjung log'n em Bett.
Endesse komen die Käälcher her
un hackten die Säu de Krüzz un de Quer.
Dat jingk esu schnell
wie em Wind de Müll:
Se däten met Beile
de Schnitzelcher deile,
se spöölten un wöhlten,
se hängten un mengten,
se stopten un drängten.
Revv sich de Ouge dä Jesell,
schwapp, alles Fleisch wor fäädig un zor Stell!

Beim Schenken war es so: es trank
Der Küfer, bis er niedersank,
Am hohlen Fasse schlief er ein,
Die Männlein sorgten um den Wein,
Und schwefelten fein
Alle Fässer ein,
Und rollten und hoben
Mit Winden und Kloben,
Und schwenkten und senkten,
Und gossen und panschten
Und mengten und manschten.
Und eh' der Küfer noch erwacht,
War schon der Wein geschönt und fein gemacht!

Einst hatt' ein Schneider große Pein:
Der Staatsrock sollte fertig sein;
Warf hin das Zeug und legte sich
Hin auf das Ohr und pflegte sich.
Das schlüpften sie frisch
In den Schneidertisch;
Da schnitten und rückten
Und nähten und stickten,
Und fassten und passten,
Und strichen und guckten
Und zupften und ruckten,
Und eh' mein Schneiderlein erwacht:
War Bürgermeisters Rock bereits gemacht!

Dä Kellermeister soff aam Spund,
bes dat hä nur noch schnarche kunnt.
Do surgten sich – wie hä do hing –
die Heinzelmänncher öm dä Wing
un schwäfelten besser
die Kumpe un Fässer
un däten sich schinde
met Rolle un Winde
un schwenkten un schenkten
un schodden un panschten
un jutschten un mantschten.
Un ieh dä Schenk e Oug opmaaht,
wor längs dä Wing jeschönt un fing parat!

Ens kräät ne Schnieder dat Jackett
vum Börjermeister nit komplett;
hä hatt d'r Möpp, imm feel nix en,
hä jov et draan un laht sich hin.
Do höppten se fresch
op dä Schniederdesch
un fing'n aan ze röcke,
ze schnigge, ze stecke;
se packten un zwackten
met Elle un Schiere,
met Nod'le un Schnüre.
Dä Schnieder schnarch noch ung'r d'r Lamp.
Ratsch, log dä Rock om Börjermeisteramp!

Neugierig war des Schneiders Weib
Und macht sich diesen Zeitvertreib:
Streut Erbsen hin die andre Nacht,
Die Heinzelmännchen kommen sacht:
Eins fähret nun aus,
Schlägt hin im Haus,
Die gleiten von Stufen
Und plumpen in Kufen,
Die fallen mit Schallen,
Die lärmen und schreien
Und vermaledeien!
Sie springt hinunter auf den Schall
Mit Licht: husch, husch, husch, husch
    – verschwinden all!

O weh! Nun sind sie alle fort,
Und keines ist mehr hier am Ort!
Man kann nicht mehr wie sonsten ruhn,
Man muss nun alles selber tun!
Ein jeder muss fein
Selbst fleißig sein,
Und kratzen und schaben
Und rennen und traben
Und schniegeln und bügeln,
Und klopfen und hacken
Und kochen und backen.
Ach, dass es noch wie damals wär!
Doch kommt die schöne Zeit nicht wieder her!

Vürwetzig wor dat Schniederswiev
un hatt d'r Düüvel wahl em Liev.
Straut heimlich Ääze op de Trapp:
Die Männcher komme tap-tap-tap,
sin fies jerötsch
un usjeletsch
un plumpe als Klumpe
en Keste un Kumpe;
se falle un knalle
em enge Jedränge
un floche un schänge!
Die Frau dat hürt, springk flöck erus –
husch, husch, husch, husch, do woren se alt
    uss 'em Huus.

Au wieh! Jetz sin s'op immer weg,
un keiner es mieh he aam Fleck!
Wä jäjen Arbeit wor immun,
dä muss jetz alles selver dun!
Un jeder muss hück
op Zack sin un flöck,
muss kratze un schabe,
muss loufe un trabe,
muss putze un wutze
un kloppe un hacke
un koche un backe.
Och, dat et noch wie domols wör!
Doch kütt die schöne Zick nie widder her.

Emil Merker (1888–1972)

Feierabend

Der runde Mond steht hinterm Apfelbaum,
die Schwester wäscht dem Brüderchen die Füße,
sie bringt im irdenen Napf die Milch, die süße,
und betet mit ihm, der schon halb im Traum.

Der Vater hat die Werkstatt zugemacht,
grau spinnt die Dämmerung die Fenster ein.
Die tags geglättet Wieg' und Totenschrein,
nun ruhen Hand und Hobel aus zur Nacht.

Auf krummem Rücken heim die Mutter bringt
im Korb das Ziegengras, draus duftet schwer
und süß die Nacht. Nun regt sich bald nichts mehr
im Haus und Hof, nur noch der Brunnen singt,

ein gütiger Plauderer, tröstend zärtlich leise
von Tages Arbeit und des Lebens Leid
und von der Erde dunkler Süßigkeit
die immer gleiche, immer neue Weise.

J. M.

Fierovend

Dä runde Mond steiht övver'm Appelboum.
Die Schwester wisch däm Brööderche de Fööß,
se brängk en Tass met Millech, honnigsöß,
un dröck inn aan sich, dä schun halv em Droum.

D'r Vatter kütt noh langem Daag zor Rouh.
Jrau litt de Dämmrung en de Finster dren.
Hä pass et Werkzüch en de Laad eren
un mäht noh langem Daag de Werkstatt zo.

Met krommem Rögge brängk de Mutter spät
ne Korv voll Jeißejras. Dun och de Häng ihr wieh,
die Naach es söß. Kei Lüffje räg sich mieh,
un nur d'r Brunne singk dat ahle Leed.

D'r Brunne singk vun Freud un dunklem Wieh,
vun Möh, vun Arbeit un vun schwerem Leid,
singk vun d'r Ääd un ihrer Sößigkeit –
die ahle, immer neue Melodie.

Nachwort

Vor gefühlten hundert Jahren wurde ich, der »stud. phil.«, ins sogenannte Doktoranden-Kolloquium meines Kölner »Profs« aufgenommen. Das war freilich eine zweifelhafte Ehre für mich. Denn während die stark mundartlich geprägten Wortmeldungen meiner Kollegen aus dem Schwabenland und der Steiermark in dem gesamten Gremium immer wohlwollend aufgenommen und mit Sympathie bedacht wurden, reagierte man auf meine grammatikalisch und semantisch durchaus korrekten Diskussionsbeiträge immer mit einem mitleidigen und »fremdschämerischen« Lächeln. Mein heimatlich-rheinischer Akzent, meine hauseigene köl(ni)sche Sprachfärbung, die ich nicht verbergen konnte und wollte, galten offensichtlich für weniger akzeptabel als die mundartliche Prägung aus dem süddeutschen und steirischen Raum. Auf diese Erkenntnis reagierte ich zunehmend mit einer gewissen Bockigkeit, zumal ich seither feststellen musste, dass mein familiäres Mundart-Erbe in der Öffentlichkeit immer stärker auf »Karneval«, auf »Alaaf & Zimbum«, auf »Ramba-Zamba« usw. reduziert und gleichsam »eingedampft« wurde.

Um aber die Bandbreite der mundartlichen Möglichkeiten unter Beweis zu stellen, habe ich seit den siebziger Jahren mehr und mehr köl(ni)sche Texte verfasst, meist »ad usum proprium«, hier und da aber auch zur Veröffentlichung und für eine reiche Vortragstätigkeit gedacht. Das diente auch dazu, kostbare kölsche Wörter wie *Freesekesse* (Schimpfwort für »abscheuliches Wesen«; hier auf Seite 14) vor dem Aussterben zu bewahren. So habe ich 2014 im Selbstverlag eine kleine Auswahl von eigenen Nachdichtungen, Übertragungen und Parodien »kanonisierter« deutscher Dichter unter dem Titel *Kölsche Rüümcher un Jedeechte* herausgebracht.

Vor einiger Zeit aber bot mir, welcher Glücksfall, die Rheinbacher Künstlerin Janni Feuser an, dieses (leicht veränderte) Opusculum mit ihren frischen, spritzigen und treffenden Illustrationen zu versehen. Das im Rheinbacher **cmz**-Verlag publizierte »bunte« Ergebnis liegt hiermit vor und zeigt hoffentlich, dass Mundart viel mehr als nur Klamauk sein kann.

Rheinbach, im Frühling 2021

Inhaltsverzeichnis

Friedrich Rückert (1788–1866)
5 Muttersprache

Johann Wolfgang von Goethe (1749–1832)
6 Gedichte sind gemalte Fensterscheiben

Albrecht Goes (1908–2000)
7 Märchenerzählen

Johann Wolfgang von Goethe (1749–1832)
8 Der Zauberlehrling

Friedrich Schiller (1759–1805)
12 Der Handschuh

Hans Sachs (1494–1576)
15 Der Koch mit dem Kranich

Theodor Fontane (1819–1898)
18 Herr von Ribbeck auf Ribbeck im Havelland

Paul von Winterfeld (1872–1905)
20 Der Franke in Byzanz

Detlev von Liliencron (1844–1909)
22 Trutz, blanke Hans

Heinz Ritter-Schaumburg (1902–1994)
25 Löwe und Maus

Heinrich Hoffmann (1809–1894)
26 Die gar traurige Geschichte mit dem Feuerzeug

Wilhelm Busch (1832–1908)
28 Die beiden Schwestern

Gotthold Ephraim Lessing (1729–1781)
30 Der über uns

Friedrich Rückert (1788–1866)
32 Der betrogene Teufel

Jupp Muhr (1941)*
33 Em Museum

Walther von der Vogelweide (um 1170–1230)
34 Under der linden

Andreas Gryphius (1616–1664)
36 Es ist alles eitel

Ricarda Huch (1864–1947)
37 Nicht alle Schmerzen sind heilbar

Paul Heyse (1830–1914)
38 Novelle

Matthias Claudius (1740–1815)
40 Die Sternseherin Lise

August Kopisch (1799–1853)
41 Die Heinzelmännchen zu Köln

Emil Merker (1888–1972)
45 Feierabend

Bibliografische Information der Deutschen Nationalbibliothek

Die Deutsche Nationalbibliothek verzeichnet diese Publikation in der Deutschen Nationalbibliografie;
detaillierte bibliografische Daten sind im Internet über http://dnb.d-nb.de abrufbar.

© dieser Ausgabe 2021 by **cmz**-Verlag Winrich C.-W. Clasen
An der Glasfachschule 48, 53359 Rheinbach, Tel. 02226-912626, info@cmz.de

Alle Rechte vorbehalten.

Albrecht Goes, *Märchen erzählen*
Abdruck mit freundlicher Genehmigung von Rose Keßler-Goes, München, und dem S. Fischer Verlag, Frankfurt am Main

Trotz intensiver Nachforschungen konnten nicht in allen Fällen die Rechteinhaber der Texte ausfindig gemacht werden.
Im Rahmen der üblichen Vereinbarungen wird der Verlag selbstverständlich berechtigte Ansprüche abgelten.

Schlussredaktion:
Clemens Wojaczek, Rheinbach

Satz (Adobe Garamond Pro 12,5 auf 15,5 Punkt) mit Adobe InDesign CS 5.5:
Winrich C.-W. Clasen, Rheinbach

Papier (Arctic Volume White 200 g/m²):
Grycksbo Paper AB, Grycksbo / Schweden

Lithographie:
Renate Neffgen, Rheinbach
Fred Paral, Rheinbach

Umschlaggestaltung:
Lina C. Schwerin, Hamburg

Gesamtherstellung:
Livonia Print Ltd., Riga / Lettland

ISBN 978-3-87062-335-7

001–500 · 20210417

www.cmz.de
www.juppmuhr.de